L 27 n. 2060.

PANÉGYRIQUE

DE

S.ᵀ VINCENT DE PAULE.

PANÉGYRIQUE

DE

S.ᵗ VINCENT DE PAULE,

Par M. l'abbé DUTHOZET,

PRÉDICATEUR ORDINAIRE DU ROI.

A PARIS,

A LA LIBRAIRIE ECCLÉSIASTIQUE DE RUSAND,
Rue de l'Abbaye, n.º 3.

CHEZ M. PICHARD, QUAI CONTI, N.º 5.

A LYON,

CHEZ RUSAND, LIBRAIRE, IMPRIMEUR DU ROI.

1824.

PANÉGYRIQUE

DE

S.^T VINCENT DE PAULE.

Erit magnus coram Domino.
Il sera grand devant le Seigneur.
S. Luc, chap. I.

Etre grand devant Dieu, ce n'est point être ce que les hommes entendent par ce mot dont ils profanent le vrai sens. Ce terme pompeux ne réveille d'ordinaire dans leur esprit, que des idées de naissance illustre, de postes éminens, de victoires célèbres, de conquêtes rapides, de talens rares, de réputation brillante, en un mot, de tout, ce qui peut leur donner du relief et de l'éclat aux yeux du vulgaire; mais, mes frères, tous ces dehors magnifiques et imposans ne sont rien devant celui qui seul est souverainement grand, et que la grandeur du chrétien ressemble peu à cette humaine et fausse grandeur! Considérer le monde, avec tous ses biens et ses honneurs, comme une ombre vaine et fugitive, étudier les desseins de Dieu sur nous, et se consacrer tout entier à sa gloire, s'oublier soi-même pour ne s'occuper que du bonheur de ses frères, s'humilier sans cesse à ses propres yeux au milieu des plus étonnans succès, ne reconnoître que Dieu pour principe de tout bien, comme source et fin de toute gloire ; voilà ce que j'appelle être vraiment grand, être grand devant le Seigneur, *magnus coram Domino*.

A ces traits de la vraie grandeur, vous reconnoissez sans doute, l'humble serviteur de Jésus-Christ, dont la solemnité nous rassemble; et déjà vos cœurs vous ont nommé le grand, l'immortel Vincent de Paule. A ce nom, quelles hautes idées viennent en foule se présenter à vos esprits, et de quels sentimens religieux vos ames ne sont-elles pas pénétrées? Que n'ai-je l'éloquence des Ambroise et des Chrysostôme, afin d'essayer du moins de louer des vertus qui sont au dessus de tout éloge! Mais abandonné à mes foibles moyens, comment vous donner une juste idée d'un élu de Dieu, qui semble réunir en lui seul toutes les perfections que nous admirons dans tous les autres ; et qui seul, pour la gloire de la religion, et le bonheur de l'humanité, a entrepris et exécuté ce qu'aucun autre avant lui n'avoit jamais conçu ou qu'il n'eût jamais osé entreprendre. Le plus bel éloge de Vincent seroit l'histoire exacte de sa vie, et elle seroit encore insuffisante. Pour vous peindre fidèlement cet homme extraordinaire, il faudroit pouvoir pénétrer dans le secret de son cœur tout brûlant de charité, le sanctuaire de toutes les vertus, il faudroit être un autre Vincent même.

Embarrassé de la richesse et de la fécondité de mon sujet, n'attendez donc rien de moi qui réponde à la grandeur du héros chrétien que j'entreprends de louer. Tâchons néanmoins de vous en ébaucher le portrait. Considérons Vincent de Paule sous les trois grands rapports que tout homme a nécessairement dans cette vie, soit avec son Dieu, soit avec ses semblables, soit avec lui-même; envisagé sous ces trois points de vue, Vincent de Paule va nous offrir une grandeur qui étonne la vertu comme le génie. Combien Vincent de Paule est grand par les effets de son zèle pour Dieu, combien Vincent de Paule est grand par les effets de sa charité envers les hommes, combien Vincent de Paule est grand par les victoires qu'il a remportées sur lui-même, tel est le dessein qui m'a paru le plus analogue à l'ordre des faits, et le plus propre à vous développer le mérite éclatant d'un simple prêtre, qui fut tout ensemble, et l'honneur du sacerdoce, et le bienfaiteur de l'humanité, et le parfait modèle de toutes les vertus.

Source de la lumière et du sentiment, esprit vivificateur, comment, sans votre secours, traiter dignement et avec fruit un sujet si édifiant et si sublime? Si vous ne répandez sur mes paroles votre douce et victorieuse onction, elles ne seront, pour mes auditeurs, que de vains sons qui se perdront dans l'enceinte de ce temple ; daignez donc laisser tomber dans mon ame quelques étincelles de ce feu sacré dont vous avez embrasé le bienheureux Vincent de Paule, afin que, pendant que je vais m'efforcer de raconter à mes frères ses vertus mémorables, je les enflamme tous du désir de se conformer à un si beau modèle. C'est la grâce que nous vous demandons au nom de ce respectable clergé, qui, en l'adoptant pour patron, nous dit assez qu'il veut devenir ses imitateurs.

Premier Point.

Quand Dieu, dans le conseil de sa sagesse éternelle, a résolu d'opérer de grandes choses par l'entremise des hommes, lorsqu'il se propose de les porter eux-mêmes à un degré de grandeur qui étonne le monde, on diroit qu'il se plaise à les tirer du sein de la poussière, soit que par là il veuille faire mieux éclater sa toute-puissance, soit qu'il ait dessein de préserver des atteintes de l'orgueil tous ceux que sa main élève et glorifie. Ainsi, appelle-t-il autrefois un Moïse, simple berger, pour en faire le chef et le libérateur de son peuple ; ainsi choisit-il un David pour le placer sur le trône d'Israël ; et c'est encore ainsi qu'il se sert de l'humble et obscur Vincent de Paule, pour le merveilleux instrument de sa providence et de sa gloire.

Les vertus que l'on vit briller dans cet homme de Dieu, dès son âge le plus tendre, jusqu'à son sacerdoce ; je ne m'arrête point à vous les décrire, le détail de ces vertus suffiroit au panégyrique d'un autre, mais il ne paroîtroit rien dans l'éloge de Vincent. J'en viens rapidement à cette époque, où le zèle qui le dévore peut enfin se manifester et se répandre. Quels traits admirables n'aurois-je pas à vous offrir, si le temps me permettoit de vous en développer les beaux commencemens, les progrès immenses et rapides, le vaste et incompréhensible ensemble.

Tunis en fut le premier théâtre. La Providence n'avoit semblé permettre la captivité de son serviteur, au milieu de ces brigands des mers, le scandale et la honte des nations policées, que pour lui fournir l'occasion d'une conversion éclatante; car, mes frères, ce n'étoit pas un simple pécheur endurci dans l'habitude du vice, ce n'étoit pas même un infidèle imbu des longues erreurs de ses pères, c'étoit tout ce qu'il y a de plus difficile à ramener à Dieu, un chrétien apostat, et qui avoit tout sacrifié à l'idole des richesses.

Cette conversion qui étoit comme l'heureux présage de l'empire qu'auroit un jour sur les ames notre captif, le dédommagea sans doute de tous les maux qu'il eut à souffrir durant son esclavage ; mais le zèle d'un prêtre si habile à remuer les consciences ne devoit point rester ainsi enchaîné. Bientôt la main du Tout-Puissant le dégage et le ramène en France avec son maître, dont il avoit brisé des liens plus honteux et plus difficiles à rompre que ceux que portoit son esclave.

Si j'avois à vous raconter toutes les vertus de Vincent de Paule, dans l'ordre des temps, je vous parlerois ici de cette héroïque douceur qu'il fit paroître au sujet d'une atroce calomnie. Il habitoit alors cette capitale et y logeoit avec un juge de Sorres; ce magistrat, qui le croiroit? l'accuse de vol, le diffame partout, jusqu'en présence du cardinal de Bérulle son protecteur.

A l'exemple de Jésus-Christ devant ses juges, Vincent écoute tout en silence, et ne daigne pas même alléguer une seule parole pour se disculper; il se contente de dire que Dieu connoît la vérité, et il attend dans un calme profond la justification de son innocence de la bouche même de son accusateur, qui, dans la suite, reconnoît enfin le vrai coupable; mais je loue la sublime patience de Vincent, et j'oubliois que je ne devois encore vous entretenir que de son zèle.

Le voilà donc ce simple prêtre, le voilà devenu pasteur des ames et chargé du gouvernement des consciences; il est nommé à la cure de Clichy. Oh! mes frères, qui pourroit peindre tout le bien qu'il opère au milieu du troupeau nouvellement confié à ses soins! Le temple de cette paroisse est prêt à tomber en ruine, il en construit un nouveau ; ce temple manque des objets les plus nécessaires, il le pourvoit de tout; il fait plus, pendant qu'il bâtit à Jésus-Christ un temple matériel qu'il embellit de tout ce qui peut relever la majesté de son culte, il lui érige en même temps des temples vivans et spirituels qu'il orne de toutes sortes de vertus. Ce n'est pas assez pour ce vigilant pasteur de ne s'occuper que du salut de ses ouailles, il élève dans son presbytère de jeunes lévites qu'il forme dans la science et les vertus du sacerdoce. Le bruit de ses lumières et de sa sainteté lui attire une telle confiance, que tous les pasteurs des environs accourent à l'envi à son école pour y apprendre à remplir dignement leurs augustes et importans devoirs.

Pourquoi faut-il qu'il soit sitôt interrompu ce saint ministère qu'il exerçoit avec tant de fruits et d'édification? pourquoi enlever sitôt aux malheureux un consolateur, aux pauvres un ami, un père à ses enfans? Consolez-vous, habitans de Clichy, votre pasteur, en vous quittant, laisse au milieu de vous la plus noble portion de lui-même, ou plutôt, il vous emporte tous dans son cœur ; mais docile à la voix du Pontife éternel, il faut qu'il obéisse aux décrets de sa providence qui l'appelle à d'autres fonctions.

Cette Providence qui le destinoit à de plus grandes choses, il croit en reconnoître la volonté dans les conseils du cardinal qui l'envoie dans la maison de Gondy, pour y faire l'éducation de ses enfans. Arrivé dans ce nouveau séjour, vous croyez qu'il va borner tous ses soins à ses élèves, qu'il fait croître également, et dans les sciences profanes, et dans la connoissance de Jésus-Christ ; mais son zèle est trop actif et trop ardent pour se concentrer dans l'enceinte d'une seule famille qu'il a bientôt sanctifiée par ses exemples. Voyez-le qui, du château de Folleville, fait sans cesse de saintes excursions dans les campagnes environnantes, et répandant partout la lumière et les vertus. Là, il instruit dans la science du salut le pauvre habitant des chaumières qui croupissoit dans la plus profonde ignorance ; il retire de l'abîme de la perdition, des pécheurs de longues années, qui n'approchoient plus des sacremens, ou qui ne les fréquentoient que pour les profaner ; il éteint les haines, opère des restitutions, apprend aux parens à élever leurs enfans dans la crainte du Seigneur, aux enfans à honorer leurs parens comme ses images, aux serviteurs à servir leurs maîtres avec zèle, aux maîtres à user envers ceux-ci de douceur et de bonté ; partout enfin il dissipe l'ignorance, il extirpe les vices ; partout il fait régner l'ordre, la paix, l'union et le bonheur.

Tous ces grands succès, Vincent de Paule les trouvoit encore au dessous de son zèle, peut-être croyoit-il perdu tout le temps qu'il ne donnoit point à la sanctification des ames ; et c'est pour s'y livrer tout entier, qu'il écrivit à son illustre protecteur de le retirer d'un lieu où sa main l'avoit placé ; et Dieu le vouloit sans doute, puisqu'il en inspira le dessein à son digne et zélé serviteur.

Alors vaquoit la cure de Châtillon-les-Dombes. Cette paroisse offroit le spectacle le plus triste et le plus déplorable. Je ne parle point de son temple, qui ressembloit moins à une maison de prière où réside l'Eternel, qu'à un lieu destiné à loger la brute qui paît dans les champs. Il régnoit dans les ames des désordres plus grands et plus difficiles à réparer, que tous ceux que présentoit l'aspect d'un temple en ruine et dénué de tout. La corruption n'avoit pas seulement gagné le peuple, elle s'étoit étendue jusqu'aux pasteurs destinés à en préserver leurs troupeaux. L'hérésie même désoloit cette partie du champ de Jésus-Christ ; et pour comble de maux, la misère appesantissoit son joug d'airain sur une multitude innombrable de malheureux. Vincent de Paule paroît, et tout est réparé. En moins de six mois, nouveau temple, nouvelles mœurs. Dans ce court intervalle, le peuple est instruit, le clergé réformé, des hérétiques même sont convertis ; et si je devois déjà vous parler des miracles de la charité de Vincent, je vous dirois que tous les pauvres de ces malheureux cantons furent soulagés, et qu'il en bannit la désolation avec la misère. Quel homme, chrétiens, quel homme! ou plutôt quel ange sous la figure d'un homme! J'ai presque dit : Quel Dieu! Et cette expression, toute hardie qu'elle vous paroisse, elle sera justifiée dans la suite de cet éloge.

Car, mes frères, ce ne sont encore là que de foibles préludes des merveilles qu'il me reste à vous décrire ; ce ne sont encore là, pour ainsi dire, que les premiers jets de cet arbre majestueux qui bientôt va jeter des racines profondes, élever sa cime jusqu'aux nues, étendre au loin ses larges rameaux, pour couvrir de son ombre bienfaisante une foule d'infortunés de toute espèce.

Rappelé tout-à-coup dans la maison qu'il venoit de quitter, il est nommé grand aumônier des galères. Je ne le suivrai point à Marseille, à Bordeaux, de là dans cette capitale, prodiguant des secours temporels et spirituels aux misérables forçats qui trouvent dans lui un consolateur et un père ; je me hâte de vous le montrer sur un plus grand théâtre, où son zèle ne se contente pas de réparer le passé, d'embrasser le présent ; mais devançant le vol rapide du temps, s'empare même de l'avenir.

Ses diverses missions au peuple de la campagne, lui avoient donné lieu de réfléchir sur l'état déplorable dans lequel gémissoit alors cette précieuse portion de l'héritage du Seigneur ; et dans l'ardeur de son zèle, il forme le saint projet de l'arracher au malheur où l'a précipité l'oubli de ses devoirs. De son vaste génie, Vincent de Paule mesure cette immensité de paroisses, dont les habitans, faute d'instruction, s'égarent comme des brebis errantes sans pasteurs; il voit un peuple innombrable enveloppé des ténèbres de l'ignorance, et courant sans frein dans les routes spacieuses de l'iniquité; il le voit et il dit : Je lui porterai la lumière, je le ramènerai dans les sentiers de la vertu. Il l'a dit, mes frères, et la lumière, pour ce peuple, a été faite, et ce peuple égaré a marché dans la voie des justes. *Populus qui ambulabat in tenebris, vidit lucem magnam.* Isa. c. 9, v. 2.

Pour l'opérer ce merveilleux changement, depuis plusieurs années il avoit en vain tenté de faire agréer à diverses communautés les dons que lui offroit la charitable et pieuse comtesse de Joigny, pour fonder une association de prêtres qui se dévoueroient tout entiers à l'instruction du peuple des campagnes. Ce moment si désiré est enfin venu; le collége des Bons-Enfans est d'abord choisi pour la réunion de ces hommes apostoliques, et bientôt après on lui accorde la fameuse maison de Saint-Lazare.

C'est là, mes frères, c'est là qu'il faut voir Vincent de Paule pouvant donner un libre essor à son zèle pour le salut d'un peuple qu'il croit abandonné à une perte certaine. C'est de cette sainte maison qu'il envoie, comme d'un autre cénacle, ses prêtres qu'il a sanctifiés dans la retraite; il les envoie, comme autant d'apôtres, se répandre dans les campagnes, évangélisant les pauvres, appelant à eux les enfans, portant la lumière dans tous les esprits, fixant dans tous les cœurs le règne de la vertu. Entreprendre de vous décrire tout le bien qu'opère ce saint prêtre, tant par lui-même que par ses coopérateurs, ce seroit vouloir en affoiblir l'idée. Que du moins il nous soit permis de nous en former une imparfaite image. Il me semble le voir ce chef apostolique dans sa maison nouvelle; il me semble le voir, comme un grand capitaine, sur un poste éminent au moment du combat. De même que celui-ci observe attentivement l'action, et qu'il a soin d'envoyer des renforts dans les positions foibles de son armée, pour empêcher qu'aucune partie ne tombe au pouvoir de l'ennemi, tel je me figure Vincent de Paule, dans sa maison de Saint-Lazare, observant le danger qui menace le peuple ignorant des campagnes, et lui envoyant de tout côté des soldats de Jésus-Christ, soit pour s'opposer aux ravages du prince des ténèbres, soit pour lui arracher de malheureux esclaves que cet antique agresseur comptoit déjà au nombre de ses éternelles victimes. Je me trompe, mes frères, cette comparaison est trop foible pour vous donner une juste idée du zèle et des succès de Vincent. Ce ne sont plus

ici

ici des combats de quelques heures qu'il lui faut soutenir contre un ennemi qui se lasse et qui cède enfin à un torrent de victoires ; ces combats spirituels, il les renouvelle chaque jour pendant l'espace de trente-cinq années ; et il ne les cesse qu'à la fin de sa vie, où l'on comptoit alors huit cent quarante de ces expéditions apostoliques.

On les compte les missions de cet envoyé de Dieu parmi le peuple des campagnes ; mais qui pourroit compter le nombre des pécheurs qu'il a éclairés et retirés de leurs profonds égaremens? Ici, c'est le paisible héritier d'un père injuste, et qui s'imagine jouir sans crime du bien dont il n'a pas été lui-même le ravisseur. Là, c'est un lâche diffamateur, qui se croit permis de publier les vices cachés de son ennemi. Ici, c'est un mercenaire indolent et de mauvaise foi, qui dérobe sans scrupule, au maître qui l'emploie, une partie du temps qu'il ne l'a pas pour témoin de son travail ; et là, c'est un maître dur et inhumain qui, abusant du besoin de l'ouvrier, en exprime sans pitié les sueurs à un vil prix. Que dirai-je encore? ici, c'est une jeune personne, dont la bouche, au tribunal de la pénitence, est muette sur des habitudes secrètes et honteuses, et là, c'est un vieillard infirme et décrépit, dont la vie entière n'est qu'un tissu de confessions nulles et de communions sacriléges. De toute part l'ignorance, compagne inséparable du désordre, a étendu son empire sur le vaste territoire des campagnes; de toute part leurs habitans, marchant au milieu des ténèbres, se précipitent en foule dans l'abîme éternel; mais réjouissez-vous, peuple infortuné, bientôt vous n'errerez plus à travers les ombres de la mort, il vous est né un second libérateur. Vincent de Paule va vous envoyer ses anges de lumière, il vous visitera lui-même à leur tête; et à l'apparition de ce nouveau soleil de justice, de ces astres bienfaisans, toutes vos ténèbres disparoîtront, et les vertus évangéliques renaîtront dans vos foyers; par la puissance que le ciel a donnée à ces dignes ministres de Jésus-Christ, vos aveugles verront, vos sourds entendront, vos muets parleront, vos lépreux seront guéris, vos morts même seront rendus à la vie: *Cæci vident, surdi audiunt, leprosi mundantur, mortui resurgunt.* Matt. c. 11, v. 5.

Oui, mes frères, tous ces miracles que le Fils de Dieu opéroit autrefois sur les corps, par lui et par les siens, Vincent de Paule va les opérer dans les ames. Par lui et par les siens, les ignorans sont éclairés, les pécheurs endurcis entendent la voix de la grâce, les incrédules croient: *Cæci vident, surdi audiunt.* Par lui et par les siens, des scandaleux qui n'approchoient plus des sacremens, ou qui ne les fréquentoient que pour les profaner, assiégent nos saints tribunaux, et fondent en larmes; des hommes aveuglément plongés dans la fange de tous les vices, ouvrent les yeux sur leur opprobre, et sont purifiés : *Leprosi mundantur.* Partout enfin, des Lazare, depuis long-temps morts à la grâce, revivent à la justice ; et des contrées qui n'offroient que le triste spectacle d'un peuple abandonné à tous les désordres des païens, présentent maintenant la belle image des vertus sublimes pratiquées par les premiers chrétiens : *Mortui resurgunt.*

Qu'un souverain bienfaisant parcoure dans ses états les provinces ravagées par l'ennemi, qu'il en répare les ruines, qu'il y fasse fleurir les arts, l'industrie, le commerce et l'agriculture ; qu'il sème sur tout son passage l'abondance et le bonheur, qui pourroit s'empêcher d'aimer et de bénir ce prince réparateur ? Vincent de Paule a plus fait, mes frères, il a rétabli l'ordre et la paix dans les consciences ; il a fait fleurir les vertus dans des cœurs où il ne croissoit que des vices ; il a guéri des maux d'autant plus incurables qu'ils étoient invisibles ; il a enseigné à la classe la plus infortunée à être heureuse dans cette vie, et à mériter de le devenir à jamais dans l'autre : *Cæci vident, mortui resurgunt.*

Cependant quelque admirables que soient les succès de Vincent dans ses missions chez l'habitant des campagnes, ils ne répondent point encore à la sainte ardeur qui l'anime ; il faut que son zèle impatient franchisse les mers, et qu'il pénètre jusque chez les nations idolâtres. Mais, pour que rien n'échappe à ses sollicitudes apostoliques, en s'occupant de la conversion des peuples lointains, il veillera en même temps sur les habitans de sa patrie. Déjà il a pourvu au salut des campagnes, il va s'appliquer à celui des villes, et c'est pour les sanctifier qu'il y fait ces missions si efficaces, et qu'il ouvre sa maison de Saint-Lazare à tous ceux qui veulent y venir passer quelques jours dans le recueillement et la prière. Ce n'est pas assez, à Beauvais, il établit, pour les ordinands, des exercices qui produisent tant de fruits, que bientôt ils sont propagés dans plusieurs diocèses. A ces pieux exercices, il fait succéder, pour l'instruction des prêtres, ces conférences, d'où l'on voit sortir tant de savans et vertueux prélats. Des établissemens si utiles ne lui suffisent point encore, pour assouvir son active et sainte ambition : le voilà qui fonde les séminaires.

Ces établissemens n'avoient été, pour ainsi dire, qu'ébauchés par le grand Charles Borromée ; Vincent de Paule y met la dernière main. Avant leur fondation, son zèle ne s'étendoit encore qu'à une certaine classe d'hommes, et spécialement aux malheureux qui réclamoient des secours spirituels d'une manière plus urgente ; par ces grandes institutions, le zèle de Vincent va s'étendre sur la France entière. Il embrasse à la fois et les villes comme les campagnes, et les riches comme les pauvres, et les grands comme les petits, et les palais comme les chaumières, et le peuple et le ministre, et le temple et le sanctuaire ; par ces institutions régénératrices, il attaque d'un seul coup et l'ignorance et tous les vices. C'est dans ces saints ateliers que les ouvriers évangéliques viennent éprouver leur vocation, et se former aux vertus du sacerdoce ; c'est de ces foyers sacrés que part cette vraie lumière qui éclaire et qui échauffe le monde ; c'est de ces sources vivifiantes et pures que jaillissent ces eaux salutaires, qui font germer partout les vertus de la primitive église ; par les séminaires, en un mot, la France est régénérée. Oh, mes frères ! qu'elle fut heureuse, qu'elle fut heureuse la révolution qui s'opéra tout-à-coup dans nos contrées, par le zèle d'un simple prêtre que Dieu suscita dans sa miséricorde ! Qu'ils étoient beaux et consolans, pour les ministres de l'Evangile, ces jours de grâces et de salut, où leur parole n'étoit point annoncée en vain, et ne remontoit jamais vide vers le trône de l'Eternel ! Temps heureux ! pourquoi n'êtes-vous plus ? Pourquoi faut-il que nous ne paroissions aujourd'hui dans nos chaires que pour nous exposer aux traits d'une impie censure, ou pour n'exciter qu'une admiration vaine et stérile ? Grand Dieu ! si vous voulez nous punir de notre indignité, sauvez du moins votre peuple ; nous lui annonçons encore la même parole qui convertit les Césars, et qui fit tomber leurs idoles ; cette même parole qui, dans la bouche de votre serviteur Vincent de Paule, opéra parmi nous des conversions si éclatantes ; daignez-lui rendre encore la même vertu, et montrez à ce siècle incrédule que vous êtes toujours le souverain dominateur des esprits et des cœurs : *Innova dies nostras sicut à principio*. Jérém. c. 5, v. 21. Nous vous demandons cette grâce au nom de votre serviteur, si grand par les effets de son zèle pour votre gloire, si grand encore par les effets de sa charité envers les hommes, et par les victoires qu'il a remportées sur lui-même.

Second point.

Le zèle de Vincent de Paule opère des prodiges, et chacun se demande comment il a pu gagner tant d'ames à Jésus-Christ. Nous ignorons, mes frères, tous les ressorts secrets que l'Esprit-Saint faisoit agir pour seconder le zèle de son serviteur ; mais il en est un que nous connoissons, et qui seul suffisoit pour lui assurer tant de précieuses conquêtes. Le zèle de Vincent étoit efficace et fructifioit partout, parce que son zèle prenoit sa source dans sa charité ; ce saint prêtre étoit le grand apôtre de Dieu, parce qu'il étoit le vrai ami des hommes. Il est de faux dévots dont le zèle irrite plus qu'il ne charme. Dans leur humeur sombre et attrabilaire, ils s'imaginent tellement aimer Dieu, qu'ils se croient dispensés d'aimer ceux qui sont formés à son image. Qu'il étoit différent le zèle du régénérateur des mœurs chrétiennes! Les hommes dont il a résolu de sauver les ames, s'ils sont malheureux, il commence par les soulager dans les besoins du corps; et si quelquefois il ne peut leur accorder ni argent ni pain, toujours il a soin de leur donner des consolations et des larmes.

Ici, s'ouvre devant moi une carrière nouvelle où je voudrois suivre le bienfaiteur de l'humanité malheureuse; mais quel orateur assez éloquent pourroit nous décrire tous les traits de bienfaisance que la vie de cet homme vient offrir à l'imagination étonnée? et lors même qu'il en existeroit d'assez habile pour les recueillir tous, et nous les présenter sous les plus vives couleurs, le portrait de Vincent seroit imparfait. Nous dire tout ce qu'il a fait pour le soulagement des malheureux, ce n'est point nous dire assez; il faut encore nous dévoiler les motifs sublimes qui déterminoient sa bienfaisance. Vincent de Paule n'étoit point une de ces ames sensibles et compatissantes qui font le bien par une espèce d'impulsion subite et irrésistible, et comme par un besoin naturel de le faire; sa charité étoit raisonnée et subordonnée à son zèle. Quand il accorde aux indigens des secours temporels, c'est toujours en vue de leur procurer, en même temps, les biens éternels; et ce qu'il y a de remarquable dans les divers actes de sa charité, c'est qu'elle avoit toujours pour premiers objets les malheureux qui se trouvoient exposés au plus prochain danger de leur salut.

Mais ces grands effets de la charité de Vincent, quels sont-ils donc? Pour en juger toute l'importance et l'étendue, souffrez, mes frères, que je vous retrace ici le tableau d'une partie des misères qui affligeoient alors et Paris et diverses contrées de la France. Rappelez-vous ces temps de calamités où une foule de pauvres, sans asile et sans secours, inondoient la vaste enceinte de votre cité, où quantité de malades languissoient sans secours, où une multitude innombrable de jeunes personnes de la classe indigente croissoient sans éducation, et n'avoient, pour la plupart, d'autres destinées à attendre, ou qu'une affreuse misère, ou que l'opprobre et l'infamie. Dans ces jours malheureux, l'Hôtel-Dieu contenoit un si grand nombre de malades, et les secours étoient si foibles, que les infortunés que l'on y apportoit sembloient plutôt entrer dans un vaste sépulcre, que dans un asile destiné à leur rendre la santé. Pendant que ces maux infestoient la capitale, des fléaux terribles désoloient nos provinces. Partout l'on n'entendoit parler que de désastres causés tantôt par des grêles effroyables, tantôt par des inondations subites, quelquefois même par des incendies plus funestes encore, qui dévoroient en quelques instans la fortune de cent familles. Vincent de

Paule, le charitable et incompréhensible Vincent de Paule soulage tous ces malheureux, en formant l'illustre association des dames de charité.

Oh! mes frères, qu'il fut glorieux pour la religion, qu'il fut consolant pour l'humanité le spectacle qu'offrirent ces nouvelles servantes de Jésus-Christ, lorsqu'elles parurent pour la première fois à l'Hôtel-Dieu, versant des consolations dans le sein des pauvres malades à qui elles distribuoient en même temps des alimens salubres et des boissons agréables, propres à rétablir les forces dans des corps languissans et prêts à se dissoudre! Qu'il étoit beau de voir des mains délicates, qui n'étoient accoutumées qu'à faire résonner la lyre, ou exercées à de légers ouvrages d'agrément; qu'il étoit beau de les voir se livrer alors à des occupations serviles et les plus rebutantes pour la nature! Des dames du premier rang, naguère ornées de tout ce que le monde étale de plus brillant et de plus magnifique, les voilà maintenant sous un habit simple et modeste, n'étant parées que des ornemens de la charité; les voilà qui entourent les lits des malades, et qui s'empressent à l'énvi de faire passer dans leur ame l'amour de Jésus-Christ, après avoir porté des adoucissemens à leurs maux. Leur air est si affable, leurs paroles sont si douces, les tendres soins, que leur charité prodigue, sont si efficaces, que les uns prennent la réalité pour un songe, et les autres s'imaginent être visités par des anges que le ciel a envoyés sur la terre pour les consoler et les guérir. Bientôt, par la vertu de leur charitable ministère, tous éprouvent les salutaires influences de la religion ; et si la Providence a résolu de ne point prolonger leurs jours dans cette vallée de larmes, ils ont du moins appris à quitter sans regret ce lieu d'exil par ce ferme espoir de trouver au delà une patrie plus heureuse.

Telle est, chrétiens, la belle association que sut former Vincent de Paule pour le soulagement de l'humanité souffrante; et quand il eut borné là son immense charité, n'étoit-ce pas assez pour lui mériter la reconnoissance et la vénération des générations futures ? Mais, mes frères, dilatez vos cœurs ; dans l'admirable institution des filles de charité, j'ai des tableaux plus touchans à vous offrir.

Et pourquoi, mères tendres et pieuses, pourquoi faut-il que je déchire ici vos ames sensibles par l'affreuse peinture de ces innocens abandonnés alors dès leur naissance à leur foiblesse et à une mort presque toujours certaine. Ce n'est plus cette voix plaintive et lugubre qui s'est fait entendre dans Ramah : *vox in Rama audita est*. Matt. c. 2, v. 18. Non, ce n'est plus cette mère désolée qui pleure la mort sanglante de tous ses enfans, ce sont des enfans qui, à peine entrés dans la vie, remplissent l'air de leurs cris déchirans, et qui attestent hautement la barbarie de leurs mères. Tristes rejetons de la foiblesse humaine ou du crime; la plupart sont impitoyablement exposés aux injures des élémens; et l'un périt misérablement de froid ou de besoin, tandis que l'autre est brutalement froissé par les roues bruyantes d'un char pompeux qui traîne le scandale et la mollesse. Celui-ci est ramassé par des mains charitables en apparence, mais qui déjà ont calculé de loin le prix d'une prostitution infâme; celui-là, ah! l'infortuné, il ne tombe dans aucune main étrangère, c'est sa propre mère qui devient son bourreau. De quelque côté que l'on porte ses pas, partout l'on trouve ces innocentes créatures en butte à la cruauté des passans, ou victimes lamentables de leur indifférence. Ces malheureux enfans ne reçoivent d'autres secours que des froides mains de la police, qui en fait transporter quelques-uns dans un triste réduit, où les soins d'une seule femme ne peuvent les soustraire au sort fatal qui les attend; et ce qu'il y a de plus affreux à penser, pour une ame chrétienne, c'est que presque tous, de l'aveu même de cette femme, presque tous meurent sans baptême. Telle est enfin l'horreur de leur destinée que ceux qui échappent à la mort ou à l'infamie, hélas! ce n'est que pour traîner une honteuse et pénible existence; comme si ces innocens portoient imprimés sur le front le crime et l'opprobre de leurs mères, à peine osent-ils lever les yeux sur ceux que la nature fit leurs égaux, et que la religion leur a donnés pour frères.

Mais quoi ? n'y auroit-il donc plus de remède à de si grands maux ? Parmi ce peuple immense qui a mérité les noms de bienfaisant et religieux, ne se trouvera-t-il donc aucune ame compatissante et généreuse, pour tendre une main secourable à tant d'infortunés ? Pauvres enfans ! suspendez vos cris, ames sensibles séchez vos larmes, et vous mères barbares approchez, et connoissez, pour la première fois, l'émotion maternelle. Vous l'avez étouffé ce premier sentiment du cœur humain ; vous avez fermé l'oreille à la voix de votre propre sang qui réclamoit votre pitié ; mais un ministre de Jésus-Christ les a entendus pour vous ces cris puissans de la nature ; il a vu l'affreuse destinée de ces enfans pour lesquels vous avez été sans entrailles, et il leur a servi de père ; et à la place d'une mère impie et dénaturée, il leur en a donné plusieurs aussi tendres que pieuses ; et par les soins affectueux de ces mères vierges, vos enfans, que la société repoussoit de son sein, et qui paroissoient le rebut de la nature, ils vont enfin sourire à l'aspect de leurs semblables ; et tous ces malheureux, pour qui le néant sembloit préférable au jour qui les vit naître, nourris dans l'aisance, élevés dans la piété, ils vont enfin bénir le ciel et connoître le bonheur de l'existence.

Ne nous lassons point de reposer nos regards sur d'aussi consolantes images, et ne cessons de contempler un tableau si touchant. Qu'il étoit beau, qu'il étoit agréable de voir Vincent de Paule paroissant au milieu des enfans, et versant dans leurs tendres cœurs les consolations que lui inspiroit son ame céleste! Il me semble le voir cet homme incomparable dont la douce charité respire encore dans ses portraits, il me semble le voir qui prend alors dans ses bras un de ces innocens, l'approchant doucement contre son sein, le couvrant de caresses, et le regardant d'un air plein de tendresse et de bonté; je crois l'entendre qui lui tient ce langage affectueux et paternel : « Pauvre enfant, console-toi :
» tu as été délaissé par une mère indigne de
» l'être; mais la Providence t'en a donné d'au-
» tres plus précieuses que celle que t'avoit
» donnée la nature : vois ces pieuses filles qui
» t'environnent, c'est pour toi que la divine
» miséricorde a suscité ces mères nouvelles dont
» le cœur est tout charité. »

Oh! combien donc il dut souffrir son cœur vraiment et plus que paternel, lorsqu'au bout de quelques années il voit le plus cher de ses ouvrages au moment de périr! D'un côté, les besoins de ces enfans deviennent si urgens; de l'autre, les secours deviennent si rares, que les respectables dames de la Charité, accablées sous le poids de leur fardeau, se voient dans l'impossibilité de soutenir le bel œuvre qu'elles ont commencé, et sont à la veille d'abandonner ces malheureux enfans qu'elles croient ne pouvoir plus soulager. Mais, ô prodige de l'éloquente charité de Vincent! il paroît au milieu de ces dames désolées; il parle, et il remue tous les cœurs, et il fait passer dans toutes les ames son ferme espoir en la Providence, et il les embrase toutes de la charité du Dieu qui l'inspire; et ces pieuses dames ne pouvant plus résister à la vertu secrète qui les agite et les entraîne, toutes au milieu des sanglots et des torrens de larmes, toutes lui promettent de ne jamais abandonner ces innocentes créatures, et de toujours leur servir de mères.

Après un si glorieux triomphe, après de si beaux établissemens au profit de l'humanité, Vincent de Paule pouvoit se reposer, et s'il eût été susceptible de vaine gloire, il pouvoit se flatter d'avoir surpassé en bienfaisance tous ceux qui l'avoient précédé; mais lorsque Vincent a tant fait pour le bonheur de ses semblables, il croit encore n'avoir fait rien. Le génie de sa charité ne connoît ni bornes ni repos. De la capitale il s'élance aux extrémités de la France. Après avoir pourvu aux besoins des forçats qui sont à Paris, à Marseille, il leur fonde un hospice, où l'on vit des misérables couverts de plaies et de crimes, on les vit soignés et servis par des anges. En Lorraine, il fait passer des secours immenses, qui semblent moins venir de la terre que des cendre du ciel. Ces prodiges de sa charité, il les renouvelle en faveur de la Champagne et de la Picardie; il devient le restaurateur des filles de la Croix, dont il étoit en partie le fondateur; et comme si la France entière ne fût pas assez vaste pour l'exercice de sa charité toujours croissante, elle traverse l'immensité des mers; l'Angleterre, l'Ecosse, Tunis, Alger, Madagascar, tout se ressent de la charité de Vincent comme de son zèle: cet homme divin embrassoit dans son cœur tous les malheureux de l'univers, et il les eût soulagés tous, s'il eût pu tous les connoître.

Il restoit néanmoins un grand projet à exécuter à cet infatigable héros de la charité ; il l'avoit étendue sur tout ce qui existe de plus malheureux dans l'espèce humaine ; les enfans délaissés, les captifs, les forçats, les victimes de la guerre et des élémens, tous ces genres d'infortunés avoient participé aux bienfaits de de son ingénieuse et attentive charité. Mais cet ardent ami de l'humanité malheureuse, jetant de tristes regards sur la vieillesse infirme et sans appui, eût terminé sa carrière à regret, s'il ne lui eût ouvert un asile, où vivant à l'abri du besoin, elle pût tranquillement finir ses jours, et s'y occuper en paix du bonheur de cette vie où l'on ne meurt plus, et qui devient la récompense de notre résignation dans les maux de celle-ci. Or, mes frères, cet heureux asile, ce port du salut,

Vincent de Paule en jette les premiers fondemens dans cet hospice qu'il élève en faveur de quarante personnes de l'un et l'autre sexe. C'est ce pieux établissement qui donna lieu dans la suite à ce fameux hôpital général, connu sous les noms de *Bicêtre* et de la *Salpétrière*.

Vous le savez, mes frères, quels étoient les individus qui se trouvoient naguère, et qui pour la plupart se trouvent encore dans ces immenses séjours de l'humanité malheureuse. Représentez-vous un assemblage confus de tout ce que la société peut offrir de plus abject ou de plus digne de pitié. Des corps contrefaits et difformes, et qui souvent renferment des ames encore plus hideuses; de jeunes personnes que les passions ont emportées au delà des règles de l'honneur, et qui sont devenues le scandale du monde et l'opprobre de leurs familles; de malheureuses victimes du libertinage, souffrant dans des membres infects et décharnés, le supplice aigu de leur infamie; des êtres plus malheureux encore, dont la raison aliénée n'offre plus de l'homme que la triste image de la brute; figurez-vous enfin un composé monstrueux de fractions impures, de débris ambulans de la nature humaine; voilà l'espèce de malheureux que Vincent de Paule rassemble dans l'hôpital général; voilà comment il soulage la capitale du lourd fardeau qui pesoit sur ses habitans; voilà comment il épure le corps social en en séparant des

êtres

êtres qui en étoient l'opprobre et le fléau, ou plutôt, c'est pour le soulagement et le bonheur de ces malheureux qu'il les réunit dans ces vastes palais de l'indigence. Là, des mains généreuses viennent encore offrir des secours efficaces à des infortunés, qui n'avoient d'autres fins à attendre que la misère, la honte et le désespoir; et si ces mains pieuses ne peuvent les préserver des infirmités inséparables de la vieillesse, ni les guérir des maux attachés à notre frêle nature, la Religion du moins leur tend les bras, et leur montre un avenir plus heureux qu'elle promet aux pauvres résignés, et à tous ceux qui savent souffrir en vrais chrétiens. C'est ainsi que Vincent de Paule couronne sa bienfaisance, en l'étendant à tous les genres de malheureux.

Ceux qui ne connoissent point sa vie, me diront sans doute qu'il avoit donc des ressources infinies et des trésors immenses. Oui, mes frères, il en avoit, ce grand homme, des ressources et des trésors; je ne parle point de ces trésors si précieux aux yeux des enfans du siècle, lesquels n'en soupçonnent pas d'autres que ceux qui éblouissent et frappent le vulgaire, Vincent de Paule étoit né de parens obscurs, qui tenoient plus de la pauvreté que de l'opulence, et jamais il ne posséda rien en propre : mais, s'il étoit pauvre des biens de la fortune, il étoit riche des biens de la grâce. Il avoit cette foi vive qui tire l'eau des rochers et qui transporte les montagnes ; il avoit un ferme espoir en cette providence qui nourrit les oiseaux du ciel, et qui pare de leur éclat les lys des champs ; il avoit cette charité divine qui sait compatir au malheur, qui souffre tout, qui croit tout, qui espère tout, qui ne se déconcerte d'aucun obstacle, qui cherche d'abord la gloire de Dieu, persuadé qu'avec cette intention sincère et pure, on obtient facilement tout le reste. Voilà, mes frères, quels étoient les trésors inépuisables de Vincent de Paule. C'est avec ces vertus chrétiennes qu'il étonne son siècle par ces établissemens publics de bienfaisance, et ces prodiges de sa charité. Quel homme, encore une fois, et qui jamais mérita mieux le nom de grand ?

L'antiquité a décoré de ce nom tous ces fameux conquérans qui ravageoient la terre, et dont les lauriers étoient teints du sang des peuples qu'ils avoient injustement conquis. Ah ! Vincent de Paule n'a fait couler le sang de personne ; il a essuyé les larmes d'une foule de malheureux ; il a couvert la nudité du pauvre, il a visité le malade et le captif, il a consolé la veuve et l'orphelin, il a soulagé toutes les peines de notre pauvre et foible nature. Sa bienfaisance ne s'est point bornée à pourvoir aux seuls besoins du corps ; il l'a étendue sur une partie plus précieuse, et dont les maux étoient plus difficiles à guérir ; il a éclairé, il a sanctifié les ames ; il a appris à une multitude innombrable de malheureux à supporter avec patience les revers de cette misérable vie, et à les convertir en moyens pour s'assurer le vrai bonheur dans l'autre. Nous pouvons dire enfin de Vincent de Paule ce que les livres saints ont dit de Jésus-Christ même ; il a passé au milieu de nous, en semant les bienfaits sur ses pas. *Pertransiit benefaciendo.* Act. ap. c. 10, v. 38.

Qu'ai-je dit, mes frères, il a passé *pertransiit ?* Non, non, la charité de cet homme divin ne fut point circonscrite dans le cercle de son existence. Le bien qu'il opéra pendant sa vie, il l'opère encore après sa mort : nouvel Elie, en disparoissant à nos regards, il nous a laissé son esprit et ses vertus. Il vit encore dans ces respectables filles, qui se glorifient de l'avoir pour fondateur et pour modèle. C'est sa charité qui les soutient dans ces soins pénibles qu'elles prodiguent à l'humanité souffrante ; c'est sa piété qui règne dans tout leur extérieur, lorsqu'elles viennent se délasser de leurs fatigues à l'ombre de nos voûtes sacrées ; c'est son ame toute entière qui les anime et les dirige dans toutes leurs paroles et leurs actions. En vain, dans ces derniers temps, aux soins empressés de leur charité divine, la sagesse du siècle a cru pouvoir substituer les froids secours d'une bienfaisance purement humaine ; bientôt le monde lui-même en a reconnu l'extrême différence, et ces secousses violentes qui ont englouti nos établissemens les plus antiques, elles ont respecté la sainte institution de ces filles du ciel ; institution précieuse qui assure à son auteur l'immortalité sur la terre, comme celle dont il jouit déjà dans les cieux: *Non recedet memoria ejus et nomen ejus requiretur à generatione in generationem.* Ecc. 1, c. 39, v. 13.

Oui, mes frères, on pourra oublier tous ces prétendus grands hommes qui ont fait ou qui font encore tant de bruit dans le monde. Souvent leur gloire et leur nom descendent avec eux dans le tombeau ; mais jamais, non jamais on n'oubliera Vincent de Paule. Tant qu'il y aura parmi nous, je ne dis pas seulement des chrétiens, mais des hommes, toujours on se souviendra qu'il exista un simple prêtre nommé Vincent de Paule, qui servit de père aux pauvres et aux orphelins, d'appui aux vieillards infirmes et sans ressource, de refuge et de consolateur à toute espèce de malheureux. Quand, à l'aspect de ces filles charitables, nos neveux demanderont à leurs pères, qui a pu former cette association céleste? Ils leur répondront : c'est un Vincent de Paule. Pendant que tout disparoîtra, que tout ira se perdre et s'engloutir dans le gouffre silencieux de l'oubli, toujours le nom de Vincent de Paule retentira de bouche en bouche, et sa mémoire vivra jusque dans la postérité la plus reculée. *Non recedet memoria ejus et nomen ejus requiretur à generatione in generationem.*

Si je ne voulois qu'exciter votre admiration pour ce grand homme, je terminerois ici son éloge ; mais, mes frères, je me propose quelque chose de plus : j'attends de vous tous l'imitation d'une partie de ses vertus. Après vous avoir montré le grand apôtre de la religion, et le grand bienfaiteur de l'humanité, il me reste à vous peindre le héros du christianisme. Vincent, grand par les victoires qu'il a remportées sur lui-même. Deux vertus qu'il porta au plus haut degré, suffiront pour vous l'apprendre ; je veux dire, son esprit de mortification et son humilité. Renouvelez un moment votre attention, et je finis.

Troisième Point.

Lorsqu'on se représente Vincent de Paule sans cesse occupé du salut des ames, et du soulagement des malheureux ; lorsqu'on le voit sortir des tribunaux de la pénitence, pour se transporter dans ces tristes réduits de l'humanité souffrante, afin d'y répandre des consolations et des bienfaits ; lorsqu'après s'être épuisé de fatigues au dehors, il rentre dans sa maison de St-Lazare, où il ne cesse de donner des secours ou des conseils à une foule de personnes qui l'assiégent de toute part, qui ne croiroit que cet homme va enfin donner à un corps qu'il traîne à peine, des alimens propres à réparer ses forces anéanties ? Qui ne croiroit qu'après des jours si laborieux et si pleins, il aura soin de chercher le repos des nuits sur une couche tendre ou du moins ordinaire ? Ainsi raisonnent la chair et le sang. Mais, ô prodige d'abnégation qui paroîtra incroyable, et une folie aux enfans de la mollesse! Après tant de courses pénibles, après tant d'exhortations publiques et de conseils privés, après tant d'occupations et de fatigues de tout genre, à peine cet homme inconcevable daigne-t-il accorder à la nature le plus strict nécessaire. Malgré que la multiplicité de ses relations l'oblige souvent de prendre ses repas après ses prêtres, jamais il ne veut d'autre nourriture que la leur. Son lit n'est autre chose que de la simple paille, sur laquelle il se contente de prendre quelques heures de repos; et comme si ces privations ne suffisoient point pour dompter la concupiscence, il y ajoute encore les austérités des cloîtres. La haire, le silice, toutes les saintes violences des anachorètes lui étoient devenues familières. A l'exemple des Apôtres, il portoit toujours sur son corps la mortification de Jésus-Christ; toujours il châtioit sa chair avec ses convoitises, dans la crainte qu'après avoir sauvé les autres il ne vînt à se perdre lui-même.

Mais s'il régnoit ainsi sur les sens, il est un autre empire plus difficile qu'il exerçoit sur les passions de l'ame. Personne mieux que Vincent ne sut dompter ce vice si indomptable; l'orgueil que l'Ecriture appelle la source de tout péché. Nous pourrions vous citer une foule de traits pour vous convaincre de la profonde humilité de Vincent; mais qu'avons-nous besoin de nouveaux détails ? Tous les traits de son zèle et de sa charité ne déposent-ils pas en faveur de cette vertu qui brilloit avec tant d'éclat dans cette ame sublime ? C'est l'humilité qui porte Vincent de Paule à exercer son zèle sur tout ce qui existe de plus abject ou de plus ignoré dans le monde. Que d'autres se proposent la conversion des riches et des grands de la terre, Vincent de Paule ne choisira, pour département de son zèle, que les pauvres et les malheureux qui semblent oubliés de la religion comme de la nature ; que d'autres aillent signaler leur zèle dans les villes et dans les cours ; qu'ils se croient assez de talens pour faire retentir les vérités saintes à l'oreille des rois, et porter dans leur ame une terreur salutaire ; pour Vincent, l'humble et modeste Vincent de Paule, il ne se croit bon qu'à prêcher la simple morale de l'évangile aux habitans des chaumières, ou dans l'obscur séjour des hôpitaux et des prisons. Et là, mes frères, au milieu des pauvres et des malades, surtout de ces malheureux condamnés à traîner dans les fers les restes languissans d'une vie criminelle et flétrie par les lois, oh ! combien, dans ces humbles fonctions, ce ministre de Jésus-Christ me paroît plus grand que dans tout ce qu'il a fait de plus étonnant pour le soulagement et le bonheur de l'humanité ! Comme il imprime alors à cette religion qu'il prêche, un caractère auguste et vraiment divin ! Qu'elle est belle, qu'elle est admirable cette religion céleste, lorsqu'empruntant les traits et la douceur de Vincent, je la vois qui descend dans ces sombres cachots habités par le crime et le désespoir, souriant encore à des coupables qui s'abhorrent eux-mêmes, s'intéressant encore à eux après que la société les a vomis de son sein, leur tendant une main généreuse, allégeant la pesanteur de leurs chaînes, versant des consolations dans leurs ames déchirées de remords, et leur montrant au delà d'un monde qui les proscrit, d'une terre qui va les engloutir, leur découvrant une nouvelle terre et de nouveaux cieux, où ils pourront trouver encore un bonheur inaltérable, pourvu qu'ils veuillent se jeter avec confiance dans ses bras, et souffrir avec résignation des maux qu'ils ont mérités et qu'ils ne sauroient plus fuir.

Cependant, mes frères, cet homme qui rend la religion si belle et si aimable ; cet homme qui laisse après lui tant de preuves éclatantes de son zèle et de sa charité ; cet homme qui étonne son siècle et la postérité par les miracles de sa bienfaisance ; cet homme enfin qui ne perd aucun instant, qui les consacre tous à la gloire de Jésus-Christ et au soulagement des malheureux ; l'entendez-vous, mes frères, l'entendez-vous qui dit encore n'avoir rien fait, qu'il n'est bon à rien, qu'il n'est qu'un rustique, et le plus inepte de tous les hommes ? Quoi ! homme incomparable, vous avez donné de tendres mères aux enfans délaissés, vous avez donné des servantes affectueuses aux malades sans ressource, vous avez assuré un asile à la vieillesse infirme et sans appui, vous avez adouci le sort affreux des captifs et des forçats, vous avez préservé de la mort éternelle une multitude innombrable de pécheurs endurcis ou abandonnés au désespoir ; et vous n'avez rien fait, et vous n'êtes qu'un serviteur inutile ! Ah ! que sommes-nous donc, nous qui ne faisons rien pour la gloire de la religion et le soulagement de nos frères, nous qui flétrissons du souffle impur de l'amour-propre ces œuvres éphémères de miséricorde que la misère des temps surprend encore à notre pitié.

Cette profonde humilité qui éclatoit dans les paroles de Vincent, elle l'accompagnoit dans tout son extérieur. Jamais il ne voulut autour de lui aucun signe qui pût le distinguer des simples prêtres dont il étoit le supérieur. Les grands se complaisent à étaler des marques imposantes de leur naissance et de leur nom; ainsi voit-on les descendans d'une famille illustre s'environner d'un cortége bruyant et pompeux, afin d'imprimer partout le sentiment d'une grandeur qui souvent n'appartient qu'à leurs ancêtres ; ainsi élève-t-on aux conquérans des monumens publics et des trophées pour célébrer des victoires, presque toujours souillées des larmes et du sang de l'innocence. Mais malgré sa grandeur surhumaine,

Vincent de Paule sera toujours simple, et jamais on ne lui verra d'autre cortége que cette foule de pauvres qui affluent de toute part, pour venir puiser des secours dans les trésors inépuisables de sa charité. Des malheureux couverts de haillons et des lambeaux de la misère ; voilà sa livrée. Des maisons de bienfaisance, des hôpitaux qu'il a fondés pour le soulagement de l'humanité souffrante ; voilà ses monumens publics et ses arcs de triomphe. Ces enfans abandonnés qu'il a sauvés de la mort et de l'opprobre, ces malades et ces vieillards qu'il a soulagés dans leurs maux et leurs infirmités ; ces infortunés de tout genre, qui tous de concert bénissent à l'envi son nom, et le confondent avec celui de la Providence ; voilà les poëtes et les orateurs qui publient ses louanges ; et ses conquêtes, vous les connoissez, mes frères, ce sont ces ames sans nombre qu'il a enlevées au démon pour les rendre à Jésus-Christ. Mais ce qui ajoute un nouvel éclat à sa gloire, c'est qu'après tant de travaux pour mériter le nom de grand, il ne se compte pour rien dans de si glorieux succès. Il ne voit là que l'ouvrage de la Providence dont il se dit n'être que le foible instrument. A l'exemple du Roi Prophète, il ne s'humilie que davantage sous la main puissante et libérale qui l'a choisi pour opérer tant de merveilles. Toutes ces choses, nous dit-il souvent lui-même, ont été commencées par Dieu, sans que j'y songeasse, et que je connusse rien de ce que sa providence voulût en faire.

Il étoit donc véritablement grand celui qui étoit petit à ses propres yeux, et qui ne voyoit de vraie grandeur que dans l'être seul qui en est le principe et la fin. Vous le connoissez donc maintenant cet homme extraordinaire; et dites si jamais aucun mortel mérita mieux le nom de grand. Nous n'attachons, pour l'ordinaire, à ce mot que l'idée d'une qualité qui se développe d'une manière éclatante dans quelque individu de l'espèce humaine; mais Vincent de Paule est grand sous tous les rapports qui peuvent former cette espèce de grandeur. Il possède à la fois, et ce génie qui conçoit, et cette patience qui attend, et cette force qui triomphe des plus grands obstacles, et cette prudence qui ne précipite rien, et cette constance qui arrive à tout. Non-seulement il est grand aux yeux des hommes, il est grand aux yeux de Dieu. Tout ce que nous admirons de surhumain dans cet homme, sembloit lui être naturel comme à Dieu lui-même, ou plutôt Vincent de Paule n'a rien fait en homme; c'est la Divinité, c'est Jésus-Christ lui-même qui agissoit en lui. C'est Jésus-Christ qui, sous la figure de Vincent, se plaît avec les enfans, et qui évangélise les pauvres; c'est Jésus-Christ qui, dans Vincent, converse avec les Samaritaines, et qui ressuscite les Lazare; c'est la douceur et l'humilité de Jésus-Christ qui respirent dans toute sa personne ; un Dieu, en un mot, l'a choisi pour le sanctuaire de sa grâce et l'instrument le plus admirable pour l'accomplissement de ses desseins éternels. Il est grand de la grandeur de Dieu même : *Magnus coram Domino*.

Honneur donc et gloire immortelle à ce puissant favori de Dieu et à ce grand ami des hommes. Que ceux-ci, frappés des prodiges de sa bienfaisance, lui érigent des statues : pour nous, mes frères, bâtissons-lui des temples, et pressons-nous autour de ses autels. Si la sagesse du siècle, forcée de rendre hommage à ses vertus, vouloit se l'attribuer comme le simple élève de la nature, la religion le réclame pour son disciple, et prétend seule former des ames aussi sublimes.

Pour nous, mes frères, qui sommes convaincus que Vincent de Paule étoit un vase d'élection, et le grand instrument de la Providence, nous bornerions-nous à contempler ses œuvres de miséricorde, et souffririons-nous de voir tomber ces institutions précieuses qu'il a fondées pour la sanctification des ames et le soulagement des misères humaines ? Ah ! que diroit cet ami des pauvres, si sortant tout-à-coup de son tombeau, il reparoissoit au milieu de nous, et qu'il vit l'état déplorable où se trouve aujourd'hui son ouvrage ? Que diroit cet apôtre d'une religion qu'il porta jusque chez les nations barbares, s'il voyoit ses autels renversés par les mains mêmes de ces enfans sortis de parens si pieux ? Il me

semble l'entendre qui, enflammé d'une sainte indignation, nous adresseroit alors ces terribles, mais justes reproches : « Français, peuple si
» long-temps favorisé du ciel, et que, par mon
» ministère, la Providence a comblé de bienfaits
» si précieux, est-ce donc ainsi que vous me té-
» moignez votre reconnoissance et votre amour ?
» *Hæccine reddis Domino, popule stulte et in-*
» *sipiens ?* Deut. c. 32, v. 6. Est-ce ainsi que vous
» prétendez honorer mon nom et célébrer ma mé-
» moire ? Ah ! s'il est vrai que vous soyez encore
» les dignes descendans d'un peuple autrefois si
» bienfaisant et si religieux ; s'il est vrai que le
» nom de Vincent de Paule soit encore cher à vos
» cœurs, cessez de fermer l'oreille aux gémisse-
» mens des pauvres qui vous environnent, et
» hâtez-vous de tendre une main secourable à cette
» foule d'infortunés que vous forceriez de ne
» plus croire à la pitié. Si vous étiez assez inhu-
» mains pour voir de sang-froid le spectacle de
» tant de malheureux ; si vous étiez assez im-
» pies pour persévérer dans votre indifférence,
» pour une religion qui a épuisé sur vous ses
» bienfaits, malheur à toi, génération incré-
» dule et perverse, malheur à toi ! Apprends
» que cette religion indignée de ton ingratitude
» et de ton aveuglement, va enfin abandonner
» tes contrées, pour te livrer en proie à tous
» les maux dont le Seigneur accable les impies. »
Væ vobis viri impii.

Grand Dieu! ne permettez pas que le fléau de l'incrédulité vienne jamais frapper un peuple, qui fut pendant tant de siècles l'objet de vos sollicitudes et de vos bénédictions les plus signalées. Du séjour de votre gloire, daignez encore abaisser sur nous des regards de miséricorde, et rendez-nous la foi et les vertus de nos ancêtres. Nos iniquités, il est vrai, nous ont mérité le même châtiment dont vous avez puni tant de peuples autrefois si pieux; mais, Seigneur, considérez que parmi la foule impie, il est encore de vrais enfans d'Abraham qui vous servent et vous adorent avec toute la ferveur des premiers fidèles : c'est au nom de ces ames pures que nous vous demandons la persévérance dans la religion de nos pères ; c'est pour votre propre gloire, ô mon Dieu! Ne souffrez pas que l'incrédulité triomphe, et que dans son orgueil insensé elle dise en secret, à la vue de vos temples déserts : voilà mon ouvrage. Ah! plutôt signalez votre empire sur l'incrédulité même, en l'éclairant d'un rayon de votre lumière, afin qu'après vous avoir tous adoré de concert dans cette vallée de larmes, nous puissions tous vous glorifier à l'envi, avec le bienheureux Vincent de Paule, dans le vrai séjour de la paix et du bonheur.

FIN.

www.ingramcontent.com/pod-product-compliance
Lightning Source LLC
LaVergne TN
LVHW021703080426
835510LV00011B/1558